AF404836

ACTUALITÉS POLITIQUES

PAR

UN CATHOLIQUE LIBRE-PENSEUR

Les agitateurs, rouges et blancs, la comédie libérale

La liberté

Les amis de Mazzini

Les réunions publiques

La presse et la magistrature

La magistrature française

ACTUALITÉS POLITIQUES

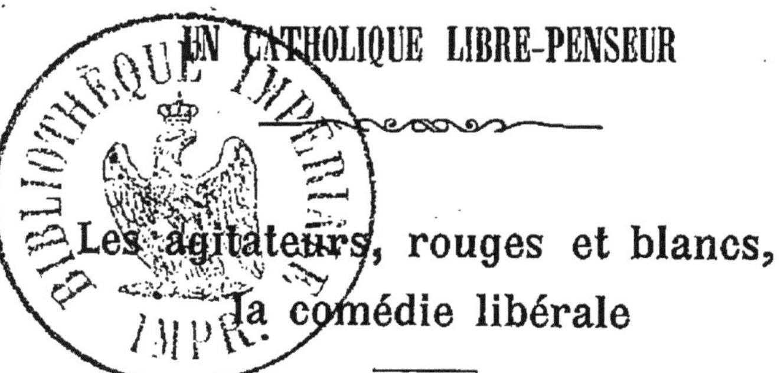

PAR UN CATHOLIQUE LIBRE-PENSEUR

Les agitateurs, rouges et blancs,
la comédie libérale

La liberté

Les amis de Mazzini

Les réunions publiques

La presse et la magistrature

La magistrature française

PRÉFACE.

Lorsqu'un homme inconnu s'adresse pour la première fois à ses concitoyens et leur demande un accueil sympathique, il doit se faire brièvement connaître, afin que le public puisse savoir ce que veut ce nouveau venu.

Mon caractère et ma pensée se résument en trois mots : *foi, ordre, liberté*. Je place au premier rang la foi religieuse. Sur elle seulement peut se fonder la morale. Un peuple sans morale religieuse est fatalement voué à la décadence. Les races croyantes, sobres et chastes, sont les races de l'avenir.

Après la foi, qui est l'ordre dans les relations de l'homme avec Dieu, vient l'ordre au sein de la société, ordre qui se base sur le respect des lois établies.

Enfin, quand la société est fortement constituée par l'ordre et la foi, l'homme peut s'abandonner à son goût naturel pour la liberté, à la condition cependant de ne pas rechercher la liberté du mal.

Les mots foi, ordre, liberté, me paraissent représenter les éléments essentiels du seul progrès véritable. Progrès moral par la foi, progrès social par l'ordre, progrès politique par la liberté ne s'écartant pas de la légalité.

1er février 1869.

PAUL KERLOR.

LES AGITATEURS, ROUGES ET BLANCS,
LA COMÉDIE LIBÉRALE.

Dès que la marche du temps aura balayé le flot des agitateurs contemporains, l'histoire impartiale, jugeant notre époque et statuant au nom de la morale, de la vérité, de la justice, enregistrera un scandale politique : la coalition des partis les plus opposés, dans le seul but de détruire. Soyons unis pour ruiner le Pouvoir, nous deviendrons ennemis quand il s'agira de partager ses débris. Voilà l'odieux principe de cette union qui se proclame libérale et que l'on a bien nommée, en l'appelant immorale.

Berryer donnant la main à Mazzini ! Votre cœur d'honnête homme ne se soulève-t-il pas à cette pensée ?

Les amis de Berryer, presque tous catholiques, pactisant avec les mazziniens français du *Siècle* et de *l'Opinion nationale* ! Avec ces hommes, dont le premier désir est la ruine de Pie IX, le renversement de toute royauté. Avec ces hommes, qui prodiguent aux catholiques l'outrage et la calomnie.

Ce spectacle me remet en mémoire cette pensée d'un philosophe célèbre : « L'esprit de parti abaisse les plus » grands hommes aux petitesses du » peuple. »

Pour croire à l'existence d'une telle union, il faut la voir. Il faut voir les journaux légitimistes et cléricaux *faire la paix* avec les journalistes dont les écrits anti-religieux et anti-sociaux font bondir d'indignation tous les cœurs honnêtes.

Berryer donnant la main à Mazzini pour renverser le Gouvernement de l'Empereur !

Il était réservé à notre siècle de voir les plis du drapeau blanc des Bourbons se souiller au contact des éclaboussures sanglantes du couperet des niveleurs.

Ceux qui s'obstinent à vivre ensevelis dans les traditions du passé, devraient au moins garder le souvenir du vieil honneur français.

M. le comte de ***, pendant son séjour au collége, tutoyait les fils du notaire et du médecin de son canton. Aujourd'hui, quand il se promène sur un trottoir avec son ami le mar-

quis, si ces vieux camarades le sa-
luent poliment, il détourne la tête
d'un air surpris. Pourquoi cet oubli?
M. le marquis penserait peut-être que
M. le comte descend jusqu'à se commettre avec des gens de rien.

Maintenant vous semblez ne pas
croire déroger, en donnant la main
aux recrues habituelles du parti
socialiste, aux échappés du bagne et
aux résidus de l'écume sociale, les
seuls, heureusement, qui sachent
manier le poignard.

Vous ne craignez pas de serrer la

main droite de ceux qui, de leur main gauche, soutiennent la hampe du sinistre étendard aux rouges replis.

Restez donc gentilhomme, rentrez dans votre manoir et n'allez pas salir sur la rue l'écusson de vos aïeux.

Arrière de nous les complaisances déshonnêtes.

Que chacun demeure fidèle à ses principes.

A la noblesse le droit divin ; aux faux-libéraux démocrates le triangle

et le poignard des Carbonari ; à nous
le drapeau national, la noble union
de l'ordre avec la liberté.

———

LA LIBERTÉ.

Il n'est pas de chose dont on parle plus et que l'on connaisse moins que la liberté.

Interrogez les socialistes, les républicains, les orléanistes, les légitimistes, les partisans du Gouvernement de l'Empereur, tous sont des hommes libéraux. Chacun se prétend même le plus libéral entre tous les libéraux.

Qu'est-ce donc que la liberté?

J'ouvre un dictionnaire et je vois :
« Liberté (du latin *libertas*), pouvoir
» d'exercer sa volonté en agissant ou
» en n'agissant pas. »

Au traité des synonymes, de l'abbé
Girard, la liberté est définie : « Le
» pouvoir de réduire en acte ses fa-
» cultés ou d'exercer sa volonté. »

» Il y a toutes sortes de libertés, li-
» berté physique, liberté morale, li-
» berté théologique, liberté civile, etc.

» La liberté n'est que dans la jouis-
» sance pleine et entière de ses
» droits. »

Pour comprendre ce que doit être la vraie liberté, deux distinctions fondamentales sont nécessaires.

D'abord, ne confondons jamais la liberté du bien avec la liberté du mal, celle de l'ordre avec celle du désordre. La faculté que nous avons de discerner le bien du mal nous empêchera de les confondre entre elles.

Ainsi, l'évêque d'Alger affirmant son droit de recueillir, de nourrir, de moraliser et d'instruire de pauvres enfants arabes, abandonnés sans pain, ensevelis dans les ténèbres de

l'ignorance et de l'immoralité, demande la liberté du bien, la liberté
dans l'ordre.

Garibaldi et Mazzini, invitant les
révolutionnaires italiens à prendre la
sainte carabine (ne voyez-vous pas
venir le culte de la force brutale)
pour attaquer le chef du catholi-
cisme ; les excitant à saisir leurs sty-
lets pour extirper le chancre de la
papauté : Garibaldi et Mazzini pro-
clament la liberté du mal, la liberté
du désordre. Ils provoquent au
meurtre des prêtres, citoyens res-
pectables dans l'Etat. Ils violent ou-

trageusement la liberté de conscience
en proscrivant le culte catholique.

Une seule liberté existe réellement
en tout et partout, la liberté du bien.
En dehors d'elle, nous ne trouvons
que passions, tyrannie et désordre.

Au-dessous de la pensée philosophique viennent se placer les exi-
gences sociales.

Elles nécessitent une seconde dis-
tinction fondamentale.

Nous sommes libres, quand nous

jouissons pleinement de tous nos droits. Mais voyez combien déjà le cercle se rétrécit, combien la liberté cesse d'être absolue pour devenir relative. La liberté absolue est le *pouvoir d'exercer sa volonté, en demeurant passif ou en devenant actif.* Ce serait celle dont jouirait un homme qui existerait seul sur la terre. Supposez un peuple formant une société, chaque citoyen, dans l'exercice de sa liberté, doit respecter la liberté des autres citoyens. Il n'y a plus de liberté complète.

De cette nécessité du respect des

droits d'autrui naît la grande loi du devoir, la loi sociale par excellence, trop souvent méconnue, loi qui suffirait, si elle était observée, à empêcher les révolutions. Ceux qui réclament à grands cris l'exercice de toutes les libertés, bonnes et mauvaises, devraient se souvenir davantage des devoirs qu'ils ont à pratiquer.

Si nous tenions comme vraies les solennelles affirmations des écrivains artistement groupés pour former ce qu'ils appellent une union libérale, la liberté serait partout, excepté dans le Gouvernement de l'Empereur. Suivant eux, l'Empire c'est la tyrannie, c'est un despotisme oriental. La France se meurt, écrasée sous la main qui l'opprime.

Ces colères de partis vaincus sembleraient puériles, si elles n'avaient la triste prétention de troubler la sécurité publique, de pousser à l'émeute. Il est évident pour tout esprit sensé, que l'existence de la liberté chez un peuple est indépendante et distincte d'une forme quelconque de gouvernement chez ce peuple. Tous les gouvernements honnêtes, qu'ils soient monarchiques, oligarchiques ou républicains, peuvent donner à une nation une liberté politique suffisante.

Ceux qui respectent la justice et la vérité ne disent pas : quelles libertés avons-nous? Ils diraient plus exactement : quelles libertés n'avons-nous pas........

Nous sommes libres physiquement et moralement, nous avons la première des libertés, la liberté individuelle : nous avons la liberté de conscience, que les faux libéraux

démocrates voudraient nous ravir :
nous avons la liberté civile, égalité
devant la loi ; la liberté presque complète de l'enseignement, car l'enseignement supérieur ne s'adresse, eu
égard au chiffre total de la population d'un Etat, qu'à un petit nombre
de citoyens d'élite. Que nous manque-
t-il? Une seule liberté, la liberté politique absolue, qui comprend celle
de la presse périodique et celle de
réunion.

Nous devons être bien malheureux
de cette pensée, surtout si nous son-
geons que jamais peuple affligé d'un

gouvernement régulier n'a eu plus de bonheur que nous. Regardons l'histoire.

Les républicains an pouvoir, agissant au nom de *la liberté, de l'égalité, de la fraternité*, ont fusillé, décapité les prêtres et les royalistes. Les royalistes souverains ont fusillé ou jeté en exil les républicains. Les gouvernements parlementaires, de mœurs plus douces, préfèrent généralement l'exil à l'échafaud.

Croyez-vous que les lords de la libre Angleterre laisseraient sans combat un Brutus assassiner leur reine pour proclamer la République? Et les républicains d'Amérique ne poursuivraient-ils pas de leurs révolvers ceux qui voudraient remplacer le général Grant par un roi?

La liberté politique est forcément limitée. La liberté dans l'ordre peut seule se maintenir. Ne demandons pas au plus intolérant de tous les pouvoirs, au despotisme révolutionnaire, l'extension de notre liberté politique ; demandons-la au développement régulier des éléments libéraux de notre constitution.

LES AMIS DE MAZZINI

Un homme peut s'appeler libéral, quand il aime la liberté. Celui qui aime sincèrement la liberté, la demande pour lui-même et pour les autres.

Que dire de ces prétendus libéraux qui s'intitulent libres-penseurs et proscrivent la liberté de la pensée religieuse? C'est peut-être au nom de la liberté de conscience qu'ils outragent la foi catholique et le Souverain-Pontife ! Lorsqu'on prétend déployer le drapeau libéral, il faut tout d'abord respecter la première des libertés, celle de croire à Dieu et de lui rendre un culte.

Gardons-nous de confondre les amis de la liberté avec les apôtres du mensonge, qui travaillent à fausser la conscience publique. Ils professent des doctrines qui feraient de notre France, si elles venaient à prévaloir, un pays de sauvages. Ils osent élever l'assassinat à la hauteur d'un droit et qualifier d'assassinat juridique le légitime exercice du droit de défense sociale.

Quelle est, en réalité, cette affaire

des meneurs italiens à l'occasion de laquelle ils donnent au pape Pie IX le nom de coupeur de têtes?

Monti et Togneti pénètrent dans Rome en temps de paix, font sauter une caserne, tuent quinze ou vingt hommes et en blessent cinquante autres. Que méritaient-ils, ces chevaliers de la poudre et du poignard? Au nom de la liberté, de la *fraternité*, il eût fallu sans doute placer sur léur poitrine sanglante l'étoile de l'honneur. Si vous ne connaissez qu'une liberté, celle que vous donnez aux révolutionnaires d'assassiner im-

punément, laissez au moins les honnêtes gens respecter la vérité, laissez
passer la justice sociale.

LES RÉUNIONS PUBLIQUES

Quand nous nous demandons quel est le sort réservé par l'avenir à notre belle patrie, nous sommes effrayés en songeant que dans les générations qui nous entourent, les notions les plus élémentaires du sens commun semblent demeurer étrangères à des hommes intelligents.

Un esprit juste ne voudra jamais la liberté du mal, la liberté de l'assassinat politique, la liberté du vol, la liberté de l'attentat aux mœurs. Voilà cependant les doctrines que nous voyons exposer à Paris (ce centre des lumières), dans des réunions publiques. Si les agents de l'autorité interviennent pour faire cesser de pareils scandales, certaine presse, la moins morale il est vrai, crie à l'oppression.

J'ignore au nom de qui se font ces doléances, mais ce n'est certes pas au nom des hommes d'honneur.

Au XIXe siècle, siècle de progrès, nous trouvons encore des disciples

dë Marat et de Robespierre : des hu-
manitaires soutenant que pour cor-
riger les hommes on doit les guillo-
tiner; qu'il ne faut pas craindre, au
nom de la liberté, d'abattre beau-
coup de têtes pour niveler la société.
Aujourd'hui, comme en 1793, ces
hommes sont des assassins. Ceux
qui ne veulent pas devenir moralement leurs complices doivent les
considérer comme à leur place quand
ils sont, non dans une assemblée nationale, mais au bagne, à côté de
leurs frères, de leurs égaux dans le
crime.

Je ne puis m'empêcher de sourire quand j'entends les démocrates crier au despotisme, à l'oppression. Jamais le monde n'a connu de tyrannie comparable à la leur. Le gouvernement de la terreur rouge demeurera toujours au premier rang entre tous les gouvernements despotiques et infâmes.

Les attaques dirigées par quelques publicistes contre le droit de propriété, attaques répétées dans des réunions publiques, viennent saper par sa base l'une des grandes assises de l'ordre social. Elles doivent être sévèrement réprimées. Une démonstration raisonnée de la légitimité du droit de propriété, serait peu comprise des hommes étrangers à l'étude du droit. Il me suffira de faire appel au bon sens.

Un ouvrier pauvre, mais honnête, a réalisé quelques économies sur son salaire, il s'achète un chapeau et sort. Un disciple de Proudhon l'accoste subitement, saisit le chapeau et s'enfuit. L'ouvrier furieux se lance à la poursuite de ce voleur, l'atteint, lui inflige une correction méritée; voilà de la morale en action. Cepen-

dant l'ouvrier n'est pas plus légiti-
mement propriétaire de son chapeau
que le riche ne l'est des biens qu'il
doit à son industrie, ou qui ont été
gagnés pour lui par son père.

Si nous quittons les questions po-
litiques pour entrer dans le domaine
des mœurs, quelle théorie avons-
nous vu exposer dans des réunions
publiques? la théorie des unions
libres ! Quel progrès.....

La substitution à la sainteté du
mariage, à l'honneur de la famille,
la substitution des hontes d'un ac-

couplement bestial ! Pour plusieurs,
voilà le progrès.

Cette étrange négation de tous les
principes, dont l'ensemble forme ce
que l'on appelle le sens moral, s'ex-
plique uniquement par la démoralisation profonde d'une partie trop
nombreuse de la population de Paris.
Cette démoralisation est soutenue et
propagée par le théâtre, par les ro-
manciers en vogue, par les artistes
qui désertent les nobles et véritables
traditions de l'art pour consacrer leur
talent à reproduire les honteuses
conceptions de l'impudicité.

On reconnaît la bonté de l'arbre au fruit qu'il porte. Si tels sont les fruits des réunions publiques, nous devons désirer qu'elles ne se multiplient pas davantage. Nous sommes heureux de posséder un Souverain assez ferme, assez fort, pour maintenir inébranlable la barrière de l'ordre contre les tentatives d'envahissement des perturbateurs.

LA PRESSE ET LA MAGISTRATURE

Tout lecteur impartial qui jette un regard sur la presse contemporaine est tenté de s'écrier : « O bonne foi, tu as quitté la terre pour gagner le séjour des dieux. »

Nous voyons souvent la presse périodique soutenir les doctrines les plus inconciliables avec l'ordre et la morale. Nous la voyons d'une part travailler à la ruine du Pouvoir actuel, et de l'autre outrager injustement la religion de la majorité des Français. S'il y avait lieu d'adresser un reproche à la direction de l'action publique en matière de presse, nous dirions que la pensée politique paraît être sa préoccupation trop exclusive. La morale sociale et religieuse mérite protection : d'ailleurs, tout ordre politique deviendrait impossible, le jour où la ruine de la morale serait consommée.

Montrez-moi un journaliste exempt d'esprit de parti ou de dénigrement, combattant pour la manifestation de la vérité, pour le triomphe de la justice; faites-moi le témoin de ses luttes, vous m'aurez procuré un spectacle plus beau, plus attachant que si vous aviez exposé à mes yeux le tableau des merveilles de l'industrie moderne. La perfection morale demeurera toujours au-dessus de la perfection matérielle.

Mais l'esprit de justice et de vérité, où le trouver? Ce n'est certes pas chez les ardents polémistes de l'opposition que nous le rencontrerons. Que voulaient-ils avant 1868? que disent-ils du régime actuel de la presse ? comment traitent-ils la magistrature française ?

Demander pour la presse une liberté sans frein, ce serait soutenir qu'un écrivain peut commettre impunément des délits. La nécessité d'une loi apparaît évidente. Depuis 1789, nous avons vu dix fois varier les lois sur la presse et jamais les journalistes n'ont paru satisfaits. Avant 1868, ils criaient à l'arbitraire : ne nous laissez pas, disaient-ils, à la discrétion des préfets. Si vous nous refusez le jury, donnez-nous du moins le droit commun, la juridiction des tribunaux ordinaires.

Aujourd'hui le droit commun existe pour la presse. Vous pensez peut-être que les feuilles de l'opposition vont se souvenir de leurs réclamations récentes. Vous ignorez donc qu'elles ont un seul désir, agiter le pays, créer des embarras au Chef de l'Etat. Chercher chez leurs rédacteurs un but d'utilité publique, ce serait leur faire injure. Ils ont le droit commun, mais c'est un privilége qu'il leur faut, le privilége de l'impunité. La loi a été votée pour demeurer lettre morte. A chaque nouvelle poursuite, ce sont des doléances unanimes; quelques-uns semblent même regretter le régime adminis-tratif.

Et la magistrature française, qui a mission de faire respecter la loi; la magistrature, qui pour garder son indépendance et son prestige, doit se montrer l'esclave de la loi; quel rôle lui assignent-ils? Si elle condamne quand le veut la loi, on la dit injuste; si elle acquitte, on applaudit comme à un acte de bravoure.

Comment oublier ainsi que la première qualité du magistrat est l'impartialité. En revêtant la robe de juge, il se fait étranger aux passions qui s'agitent au-dessous de lui. Il regarde la loi, puis l'applique, selon la vérité et la justice.

En soutenant le beau principe de la libre défense, les avocats, qui semblent heureux de pouvoir prêter l'appui de leur parole aux écarts de la presse, devraient se souvenir davantage que tous les magistrats appartiennent au barreau. Si malheureusement les germes révolutionnaires jetés en France par la presse de l'opposition se développaient, ce serait dans l'ordre des avocats que l'on chercherait des magistrats nouveaux.

Respectons la vérité, n'ayons pas deux poids et deux mesures. N'oublions pas que la plus impérieuse des lois pour un peuple civilisé est la loi du devoir. Un citoyen a pour premier devoir de se soumettre aux lois de son pays. Le mépris des lois conduit à l'anarchie, à la lutte de la force contre le droit. La liberté ne peut se fonder que sur le respect de la légalité.

LA MAGISTRATURE FRANÇAISE.

Le 8 janvier 1869, M. Dréolle a soutenu, dans le journal *le Public*, que les procureurs impériaux et leurs substituts n'étaient pas des magistrats. Ce sont, dit-il, des agents administratifs; peut-être voudrait-il en faire un annexe de la police préfectorale....

M. Dréolle ignore évidemment, ou veut ignorer, les termes du serment professionnel des membres du parquet. Les voici :

Je jure obéissance à la Constitution et fidélité à l'Empereur. *Je jure aussi de bien et fidèlement remplir mes fonctions, de garder religieusement le secret des délibérations et de me conduire en tout comme un digne et loyal magistrat.*

Après avoir considéré cette formule remarquable, nous pouvons et nous devons dire que les membres du ministère public sont des magistrats, mais ce ne sont pas des juges.

Le juge inamovible, relevant de sa conscience et de Dieu, investi d'un pouvoir spécial et distinct des autres pouvoirs de l'Etat, est l'interprète de la loi. Il doit, au nom de sa dignité même, demeurer impassible. Ce n'est pas lui qui vote les lois. Si des lois sont mauvaises, c'est au Corps législatif qu'il faut en demander l'abrogation. *Dura lex, sed lex.* Le juge est l'esclave de la loi. En dehors de ces principes, il n'y a pas de magistrature possible. Prétendre, comme l'affirme le journal l'*Electeur*, que le juge doit se passionner pour ou contre le Pouvoir, c'est demander le désordre dans l'administration de la justice : C'est substituer l'arbitraire individuel à l'immutabilité de la loi.

Le juge digne de ce nom ne connaît qu'une passion, celle de la vérité. L'interprétation des lois, selon la vérité de leur texte et de leur esprit, voilà la suprême mission des juges.

Les membres du ministère public ne sont pas des juges, ce sont des défenseurs. Ceux qui militent auprès des Cours d'appel se nomment des *avocats* généraux.

Les magistrats du parquet sont des défenseurs, défenseurs de l'ordre politique, défenseurs de l'ordre social. Leur caractère est double. Comme délégués du Gouvernement auquel ils ont juré fidélité, ils veillent au maintien de l'ordre politique et sont tenus de faire respecter le Pouvoir dans la limite des lois établies. Comme représentants de la vindicte publique, ils veillent à la défense des intérêts sociaux et poursuivent les infractions commises contre les personnes ou contre la propriété, voilà leur double mission.

Quand les portes d'une salle d'audience s'ouvrent pour laisser passer un tribunal, l'huissier, se tournant vers la foule, dit à haute voix : le tribunal, soyez découverts. A ce moment, que vous regardiez au banc des juges ou que vous regardiez au banc du parquet, vous ne pouvez voir que des magistrats.

Si les devoirs hiérarchiques des procureurs impériaux ne les laissent pas toujours libres dans la direction de l'action publique, ils gardent incontestablement la liberté de leur parole à l'audience.

Lorsqu'un membre du ministére public se lève à son banc, pour conclure ou pour requérir, il regarde le Christ dont l'image rappelle à tous l'existence de Dieu. Peu soucieux de savoir s'il existe des hommes appelés procureurs généraux ou ministres, il songe à Dieu qui le voit, à sa conscience qui le guide. Quand chez lui se rencontre la belle union du talent et de la noblesse d'âme, il se sent heureux de pouvoir, par sa parole, aider efficacement au triomphe de la vérité sur l'erreur, de la justice sur la fraude.

Le bon sens public comprend la beauté, l'élévation, la grandeur de la mission des magistrats qui savent se maintenir à leur véritable hauteur. De là naissent ce respect, cette publique considération, qui entourent comme d'une auréole éclatante celui dont on peut dire : Voilà un homme intègre, un digne et loyal magistrat.

Quand elle est légitime, l'indépendance du ministère public devient d'autant plus noble que la loi sur l'inamovibilité de la magistrature ne s'étend pas jusqu'à lui. Mais il doit se garder, sous prétexte d'indépendance, de manquer à ses devoirs et d'oublier son serment.

UN CATHOLIQUE LIBRE-PENSEUR.

Le vrai peut quelquefois n'être pas vraisemblable.

En réalité, celui-là seulement doit se dire libre-penseur, qui aime et respecte la liberté de la pensée.

Vous êtes d'abord tentés de crier au paradoxe, quand un catholique se dit libre-penseur. Ne vous arrêtez pas aux apparences. Isolez-vous des préjugés du monde, rentrez en vous-mêmes, vous verrez que l'âme de l'homme, laissée libre, s'élève vers Dieu aussi naturellement que les vapeurs de la terre s'élèvent vers le ciel. L'objet créé, quand il n'est pas retenu captif, retourne vers son créateur.

Les rationalistes modernes s'écartent de la vérité quand ils veulent, au nom du progrès philosophique, substituer la raison à la foi. En agissant ainsi, ils marchent nécessairement vers l'athéisme.

La substitution de la raison à la foi, c'est la substitution de l'homme à Dieu, la déification de l'homme.

Ne voyez-vous pas la marche de l'orgueil sur le chemin de l'erreur. Quel Dieu que la raison de l'homme ! De cet être contingent, mélange bizarre de grandeurs et de faiblesses, de noblesses et de turpitudes, qui révèlent une nature déchue de sa gloire première.

L'homme si fier de sa science, ne comprend pas qu'elle est un point imperceptible dans l'incommensurable domaine des connaissances possibles. L'homme si orgueilleux de ses progrès matériels ne veut pas avouer son impuissance ; cependant

il se sait incapable de donner la vie
au cadavre d'une mouche.

Ce n'est pas par la substitution de
la raison à la foi, mais par l'accord de
la raison avec la foi, que nous pouvons réaliser un progrès véritable.
Les philosophes chrétiens sont donc
les plus réels amis de la liberté de la
pensée et du progrès.

PAUL KERLOR.

Typ. Oberthur et fils, à Rennes.